特定非営利活動法人　共同保存図書館・多摩
第33回多摩デポ講座（２０１８・８・６）より

図書館計画で書庫はどう考えたらいいのか？

―いくつかの街の図書館づくりに参画して学んだこと―

寺田大塚小林計画同人
寺田芳朗

目次

資料1　お話の梗概

第33回多摩デポ講座での図書館(活動と場)についてのお話

平成30年8月6日　立川市女性総合センター5F第2学習室

「図書館計画で書庫はどう考えたらいいのか？」

いくつかの街の図書館づくりに参画して学んだこと　寺田大塚小林計画同人代表　寺田芳朗

1，１９７４「図書館を学び初めて」。
①佐藤仁著「公共図書館」→設計演習課題　図書館はひとつの建築ではないと教わって。
②日野こども、木曽/金森、町田市町田、昭島市、日野市、相模原市 を見て→和設計へ

2，図書館システムの成長と「保存図書館」。
①成長の問題（拡張計画）・・当時の計画優先度と書庫の位置づけ。10年先までの計画。
②保存図書館の紹介　　　・・海外事例の紹介、時代の優先度、現実的感覚、思考停止、
③基準法改正前の積層書庫・・神奈川/長崎/山梨　→　書庫の建築基準法的扱いを指摘、

3，１９７３「日野市立図書館の時代と書庫論」。
①日野市立図書館「建設計画書」の全文紹介　→　５万冊の書庫計画、優先する分館網、
②前川著作集「図書館の変革」→梅棹忠夫「無料貸本屋/ 閲覧室も書庫も要らぬのです」
→ いまもうっすらとした図書館界の通奏底音か（苅田町で多摩市で・・・利用側視点）

4，１９８３大磯町立の観察から１９９０苅田町立図書館の書庫提案へ。
①大磯町立図書館の７年、地下の閉架書庫へ利用者を案内，「閉架は開架の延長/奥行き」
②1800㎡図書館で４万冊100㎡のプログラムへの疑問
→　二色の利用を積層させた100㎡８万冊書庫

5，図書館計画の状況を俯瞰して、苅田で議論した問題意識。
①図書館面積の拡大傾向と、日野中央型の拡大コピーの時代。書庫はいつまでも本の倉庫。
②開架か閉架か二者択一の問題。
→　開架につながる奥行きの資料世界 / 閉架のグラデュエーション 提案

6，１９９３伊万里市民図書館での書庫提案。
①大切な基本計画　→　30万冊書庫（ずーと空部屋・倉庫使い・出来れば入れたくない本の墓場）
②閉架書庫の分化　→　見えて入れる10万書庫　と　見せない20万書庫。配架分類替え、
③利用型書庫　→居室へ　本の森（机椅子のある君津）準開架（開架の主題群と対応する南相馬）

7，図書館計画と、法律と、安全(危機管理)。
①建築基準法や消防法の扱い、図書館という特例緩和、利用や運営形態の変化と安全条件の劣化
②防火区画、スプリンクラー、異種用途複合、
・・・賑わい創出建築の図書館としてのゆくえ/寿命　既存不適格化

8，「共同保存図書館・多摩」の活動と場を想像する。
①利用者の活動範囲（諸室）、配送センターに純化、管理運営体制、装備統一MARC/IC、
②書庫は：接架式か機械式か、収容規模と拡張イメージ、利用者の接架で難度上がる。

はじめに

はじめまして。寺田大塚小林計画同人の寺田と申します。

本日は、日本の図書館の黎明期を牽引した多摩地域で、しかも、同時代に活躍された市民や図書館員・図書館長ＯＢの皆さんが大勢いらっしゃるこの研究会で、お話しさせていただくことを、たいへん光栄に感じております。

1　図書館を学び始めた頃のこと

一九七四年、私が図書館を勉強し始めた年ですけれども、多摩地域で生まれてきた新しい図書館建築や計画、その図書館政策は、大学時代の建築学科の教科書にありまして、今日のご縁にも繋がっているのです。

この年に出版された『公共図書館』（佐藤仁、西川馨著　井上書院　一九七四）という本をご存じでしょうか。著者は当時、横浜国立大学工学部助教授の佐藤仁先生と和（やまと）設計事務所の西川馨さんです。その図書館建築計画学の受講は出版の半年前に始まりました。恩師の佐藤仁先生は常々、「図書館は民主主義の形なんだ」とか「図書館建築を学ぶには図書館に行って半日座って見ることだ」とおっしゃっていました。後になって徐々に判るのですが、図書館建築への重要な視点と構えを示していただいたと感じています。

当時の多摩地域の思い出ですが、一九七二年開館の町田市立図書館（現サルビア館）は、和設計の島雄康一郎さん（後に滋賀の永源寺町図書館や大阪市立中央図書館の担当者）の設計と監理です。一九七三年開館の昭島市民図書館の表情や環境は魅力的でしたね。昭島の図書館は、今、職場で机を並べている、当時和設計の松村和雄さんの設計と監理です。昭島も同年開館の日野市立中央図書館（鬼頭梓建築設計事務所＋佐藤仁＋山田弘康設計）も、佐藤先生が深く計画と設計に関わっています。そして多摩の隣の相模原市立図書館は、当時和設計の土屋捷司さんの設計によるものです。

それらを目の当たりにして、後に私は和設計事務所に就職しました。

次々に図書館が作られる時代、そんな状況下で私は二十歳代を過ごしました。

2 本日の研究会のテーマを予見した名著『公共図書館』

さて、この時代状況や建築設計者としてのありようが、本日は若い皆さんもいらっしゃるので、ご想像いただけるといいなと思いまして、『公共図書館』の前書きのところをご紹介します。

著者は、巻頭にこのように書いています。「始めに、本書をわが国公共図書館の発展に先駆的役割を果たされた元日野市長　故有山崧氏に感謝をもって捧げたい」。巻末の儀礼的献辞ではないのですね。日本の図書館づくりの時代状況と研究過程も続けて書いてあり、日本図書館協会事務局長時代から、この状況の先頭に立つ有山先生が、施設計画者に向けても図書館のありようを示し、導いて来られたことが書かれています。

日野市立図書館ができた時か、もっと前なのかわかりませんが、佐藤先生は有山先生から、「後進のために図書館のありようをふまえて建築について本を書け」と言われた、とあります。ところが、再三にわたって言われたけれども、「活動の実践を通した建築をとらえなくては、意義がない」と考えて、書けなかったそうです。そしてようやく一九七四年にこの本が書けた。いつの時代も同じで、気軽に口にされる「新しい図書館」ですが、計画や提言する者の構えはかくありたいものですね。

資料2　『公共図書館(写真は昭島市民図書館と日野市立児童図書館)』とその「まえがき」の一部

始めに，本書をわが国公共図書館の発展に先駆的役割を果たされた元日野市長　故有山崧氏に感謝をもって捧げたい。

もう10年になる。当時，日本図書館協会事務局長であった氏は，図書館運動の推進者として諸々の活動を精力的に展開しておられた。特にわが国公共図書館が遅れた状況にあることを憂い，運動の主力をその立て直しに注がれていた。また氏は早くから図書館活動と施設の関係の重要性を強調せられ，私達の仕事に深い関心と理解をもって有益な助言をいただいていた。丁度，『中小都市における公共図書館の運営』（文-1）が上梓された頃，その姉妹編として，市民の図書館建築のために設計の手引きになるようなものを書くように再三にわたって勧められた。

当時は図書館建築もようやくブームらしきものにのって建てられ始めていた。しかしいずれの建築をみても外形ばかりきばっているが，内容のともなわない虚構にすぎず税金の無駄使いを重ねるだけに思えてならなかった。果たしてわが国には公共図書館が健全な姿で育つ土壌があるのだろうか。むしろ悲観的な観測をしていた私達にとって，建築以前の問題にその解決の糸口を求めざるを得ないことを痛感していた。この種の手引きになるものは，活動の実践を通して初めて具体的な建築の空間処理の方法が提案できる。これをとらえなくては机上の空論におわってしまい意義がない。そこで折角のすすめではあったが，未だ執筆の時期でないので，その機会が来るまで待っていただくことにした。

以来私達は，地方自治体でのケーススタディとして，公共図書館の地域計画に関する調査・研究を地道に積み重ねてゆく方法をとり，建築計画の立場から今後のありかたを手さぐりで探ぐってきた。その頃，はからずも有山氏が日野市の市長に選ばれ，困難な市の財政の中から，為政者の立場として，名実ともに公共図書館活動の実践を開始された。種をまけば芽が出る。その芽を育てることによって目ざましい実績を挙げられた。ブックモビール活動，間借りの分館，廃車になった電車を利用した児童図書館などをそのサービス拠点として，まず本を市民の身近に持ち込んだのである。いわば最も金のかからない方法で最大の効果を発揮したのである。この活動の実践は市民に共感をもってむかえられ定着していった。しかし残念ながら，氏が体力と闘志のすべてを使い果し，志半ばにして他界されたことは，日野市にとってのみならず日本の図書館界にとっても，この上なく大きな損失であった。

日野市ではこれらの実績を積み重ねた上で，必要に迫られてようやく3年前，老朽化した電車の図書館を廃して始めて約 100 m² の小さな児童図書館を建築した。続いて昨年中央館を建てるに至った。

この本の後段に研究と計画と設計の姿勢が書かれており、改めて読むと、建築計画学の泰斗吉武泰水先生の薫陶を受けた構えだなあと思います。こう書かれています。図書館を計画設計する時には、「建築以前の問題にその解決の糸口を求めざるを得ない…略…活動の実践を通して初めて具体的な建築の空間処理の方法が提案できる」のだと。そうしたことを私達も、建築の若い仲間に手渡していかなければいけないと思いますが、設計者が建築以前の問題に遡るということへの理解と実践は難しいですね。

図書館建築の外観や、話題や興味に繋がりやすい、皆から見える開架室のデザインに、新しい提案が競われても、本日のテーマ「書庫や図書館システムや成長の問題」へは、興味喚起や考え抜いた提案が難しい。そのあたりへの興味のバトンが渡せない状況が、建築の仲間たちの世界にありますね（図書館界も同じでしょうか）。

また、「当然建築に求められる機能も異なり、設計にあたっては新たに考えねばならない数多くの問題に直面した。その一つ一つをこなしてゆくことの意義は、有山氏が主張しておられた**運営と施設が不可分の関係にある**ことに他ならない。この経過を経て初めてこれからの公共図書館の建築を思考してゆくことが可能になろう」との記述も大切だと思うのです。佐藤先生が、ご自身の思索から絞り出した言葉だろうなと感じますね。そして、同時代に連帯して図書館研究に当たってきた方たち―吉武泰水、鬼頭梓、栗原嘉一郎、前川恒雄、菅原峻―への献辞も並びます。

後段に、前川先生にいろいろ指導いただいたということがあって、「日野市立中央図書館建設計画書」―今でいうところの「図書館基本計画」―ですが（これについても佐藤先生が関与していると想像します）、この本の後ろに全文転載させてもらったとあります。今回改めてこれを読んでみて、現在の課題につながるこの時代というのが想像できました。私なども長く懇意にしていただいた菅原峻先生についても懇切な記述があります。菅原先生は、佐藤先生が逝かれた後も佐藤先生を唯一無二の同志と思っていらした方ですが、錚々たる先達が、この時ここで輝いておられたということが想われます。

3 日野市立中央図書館の時代の「図書館基本計画」から

巻末付録にある「日野市立中央図書館建築計画」を見て当時を思い出すと、この時代の開架は町田が六万冊、日野が七万冊、相模原は大きいと思ったが七万二千冊。振り返って違和感はありません。しかし、日野の書庫は移動図書館用を含んで五万冊とある。

当時、書庫については与えられた面積が小さいのですね。開架での貸出しを前面に出して図書館を表現していく時代を開き、普及させようという起点です。図書館施設計画としての理念や課題を示す計画の教科書としては、現状肯定だけでよいのか、著者は悩んだのではないでしょうか。そして本文では、海外の図書館の比較研究もされていた佐藤先生なりの将来への予見と、計画論の布石があります。

図書館施設のフレキシビリティ、施設建築というのは柔らかく変化成長できなければならない。ランガナタン（インドの図書館学者。「図書館学の五法則」を提唱）が、「図書館は成長する有機体」と言っているように、身体にあわせてシャツは伸びてくれなくてはいけない。フレキシビリティには二つあると説明されています。開架の配置換え、最近あまり聞きませんけれども、資料群構成とか資料配置の表現などが変わるはずですから、対応して変わっていけないと困る。もう一つは、所蔵する資料の増加への対応策、方法ですね。

この時代、新しい図書館に関わる人たちの中では、なるべく大きな平面をもらって、なるべく開架室を大きくする、書庫は整理と副本用以外は後回しでいい、が原則でした。「利用されない本を置く倉庫」という書庫の位置づけです。それで書庫が必要になるような状況が来たら、さらに分館を作って、もしくは、新しい中央館を作っていけばいい。そのように図書館と建築チームは状況分析から戦略をたてた。その方針のままで四十五年、書庫について（図書館全体についてもですが）思考停止の自治体や図書館もあるかもしれませんが、計画者設計者としての佐藤先生は海外の先例を調査していますから、本当にいいのだろうか、どう展開させるべきか、ということを考え述べられています。

規模も予算も職員も、当時に比べて格段に大きくなった現在の図書館にとって、書庫とはなにか？　駅のキヨスクのようにブランチの数が増える。そのひとつが大型化するだけでよいのだなどと、図書館の成長を考える人はいないでしょう。今、図書館員や設計者はどう考えているか。思考停止でないとよいのですが。

（日野市立中央図書館の建築については、『図書館建築図集'79』（日本図書館協会編集発行一九七九）。『鬼頭梓建築設計事務所図書館建築作品集』（同事務所編集発行　一九八四）が参考になります。

4 共同保存図書館デポジットライブラリーの予見と提案

さてこの図書館建築の本の中では、大書庫を持たない図書館群には資料膨張への対策が要る。それは共同書庫だと書いてあります。各館は郷土資料やレファレンスに関わる資料を除いては、資料を皆で持ち合った方がいいんじゃないか、とも書いていますね。この四十五年前の本に、共同保管をする保存図書館、デポジットライブラリーがあると例示してあります。この研究会の皆さんの主張と同じですね。

当時は絵空事と受け止められたのでしょうか、話題にはなりませんでしたね。一応書いておいて、当面この部分については考えるのをやめようと。しばらく経ったらみんなでこういう方向があるから、そういうものを作ったらいいよ、と言っている。

いろんなやり方があるということ、例えば建物全体を増築していくような方法、書庫が拡張できるようなやり方もあるというようなことも書いてある。しかし、当時、前川館長が示された戦略は、次の分館を作っていくこと。時期が来たら、改めて本格的な本館を作ればよいという状況判断ですね。町田市では、町田市町田図書館はサルビア館となり、駅前ビルの三・四・五階に中央図書館が誕生して図書館全体は成長していったわけです。

『公共図書館』では唐突にデポジットライブラリーの図面が出てきます。半世紀前のシカゴ市にある大学群のデポジットライブラリーとあります。シカゴといえば、一九九一年にアフリカ系市長さんの名を冠したワシントンライブラリーができて、菅原視察団で訪ねました。約七万平方メートルのデパートのような大きな図書館でした。大きな書庫を持つ中央図書館整備へと、公立図書館の方の方針は変化したようです。『公共図書館』を改めて見て、「ああそうか、こんな話があるんだ。こんなのを探してきているのだ」と思いました。

5 図書館の書庫と建築基準法上の取り扱いの変化

それからもう一つ、この本の中で、後の時代に出てくる大きな問題なのですが、図書館建築に関する法律について書いてあります。建築基準法では、積層書庫の扱いが変わりそうだ。それがとても心配だと四十五年前に書かれています。これについては私も三十年位前に気づきましたけれども、教わった時には、何の事なのか判りませんでした。建築基準法は一九五〇年にできるのですけれども、法律を作る時に、地震とか火災とか利用者が安全に避難できて命を守れるように、建築の用途別に、建築設備や消防設備とかをいろいろと決めてあります。つまり今の建築法規は、一九五〇（昭和二十五）年の人たちが「図書館」をイメージした時に整理された、「安全に必要な条件」なんですね。特に図書館という用途では、羊のようにおとなしい人たちが集まり、本を静かに読んで勉強するところ。図書館員の指示管理のもと、皆が整然と行動できる。学校建築と同様に、不特定多数の利用による混乱は無いと考えられたようです。ですから、当時法律を作った人が今、大和市の話題の図書館や、店舗と複合したツタヤ図書館などを見たら、たまげるんじゃないかと思うのですけれども、そういう時代での条件なのですね。

さらに、利用者から離れた裏方の書庫というのは、きっと「本を納める静かな倉庫」であると位置づけられたと思います。しかし時を経て、今では「何でもあり」の形態に変わってきているのです。

たとえば、天井の高い部屋を作り、本棚と通路の床板を何層も重ねて、何倍もの収容冊数を達成するアイデアが生まれる。床面積は一階の床だけで、避難や消防の設備も一階以外は割愛してしまう。そして、公共図書館では、書庫を「半開架化」と称して、利用者の入室や、書架と閲覧席が渾然とした開架室の混雑した利用としつらえが出現してくる。これでは危ないぞと、建築確認の判断で躊躇が生まれるようになる。一九七一年の建築基準法の改正に続き、その後も法律指針と、新しい建築と利用のいたちごっこは続きます。たとえば、公共図書館は不特定多数の人が大勢集まる特殊建築物ではないかとか、大勢の利用者の集まる開架室には、避難安全のために床面積の五十分の一以上の排煙窓が必要だとか、学校施設ではない公共図書館の積層書庫は床も耐火性能が必要だとか。後に不燃で良いとか、各階に消防設備が必要だとか、各層の床はすべて面積に参入するとか、書庫内に机椅子を置けば居室であるとか、その扱われ方は変化し続けています。

「耐火」というのは、火事になっても溶けて床抜けしない性能を言います。「不燃」とは火事になっても燃えない性能です。ですから鉄板の床であれば不燃だが耐火ではない。

法律が変わる前の、新しい基準に合わない図書館が、社会にはたくさん存在していて利用されています。法律が変わると、これらは既存不適格建築物と呼ばれて、増改築が新築より難しくなる。積層書庫は、二層までは積層させてもいいけれども、二層ごとにコンクリートの床を入れて、防火区画しなさい、という指針も出てくる。当時、佐藤先生は、今後積層書庫が作れなくなるかもしれないという心配を記しています。私が見学した積層書庫や排煙窓についての既存不適格では、現在も四層の積層書庫を持つ神奈川県立図書館本館、前の長崎県立図書館は六層、前の山梨県立図書館は書庫の防火区分が無かったなどを思い出します。

資料3　シカゴにあるデポジットライブラリー
出典:『建築設計資料集成』(日本建築学会編　1972刊)

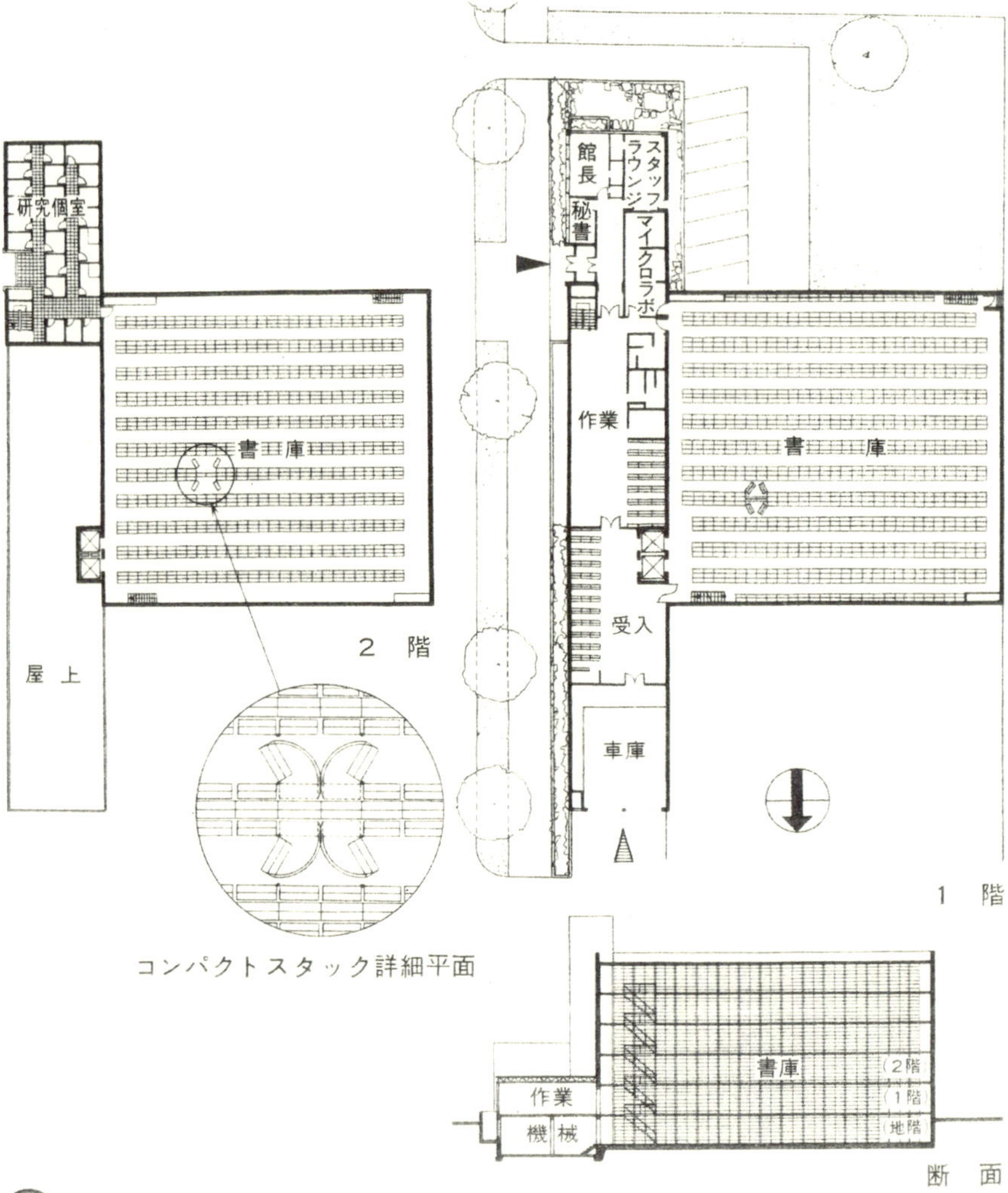

③ Midwest Inter-Library Center (アメリカ)

県立の建築は、行政内の建築主事が建築概要を確かめる「計画通知」という手続きで、各県の判断で建設されています。市町村では一般に県機関にゆだねる「確認申請」ですから難しいのですね。

学校建築を公共図書館として使うには、「建物用途変更」にあたり、再度、確認申請が必要になります。この界隈では多摩市が、図書館本館を空き学校改修で整備しました。書架を並べる為の床の補強はしていませんが、全教室に排煙窓を改造で作っています。学校も学校系図書館も排煙窓は法的に不要だったのです。そのような図書館建築の法律に関わることが、大きな図書館になっていく時に大変難しくなるだろうということを、佐藤先生は予言しているんですよね。当時学生の私には理解できませんでした。

6 紹介されたシカゴのデポジットライブラリー

さて、このシカゴのミッドウェストインターライブラリーセンターの一階のみの図面は、どこから引用したのかなと思い、今回調べてみたのです。『公共図書館』の執筆の前年に建築学会が出している、『建築設計資料集成』（日本建築学会編　丸善　一九七二）に詳細がありました。私達も購入した当時の参考図書ですが、これもおそらく佐藤先生も編集委員で書かれていますね。ご自分で調査されていたアメリカ文献から発見されたものを、図書館をシステムとして理解する例示として資料集成に入れ、それを、ご本の方にも転用したのでしょう。くどくどと申しますが、「保存図書館とはどういう建築か」の解説だけでなく、「図書館は建築単体ではなくて全体システムである」という理解にもこの例示が必要と考えられたことでしょう。

資料集成の方の全体がわかる図面（資料3）をご覧ください。多摩デポでの検討のお役にたつかと、現実のデポジットライブラリーというのがどんな建築か、ご説明しておきます。

地下一階、地上五階、五、一六二平方メートル、二〇〇万冊収蔵、いくつかの大学の共同運営と書いてあります。利用者の場所として、二階に二〇の研究個室がとられている。一階は車庫、受入れ、整理補修などのための作業室、それにスタッフ諸室とコンパクトです。書庫は二八×三〇メートルの四角い平面で、書架の柱で六層の床を重ねた積層書庫です。扉のように動く書棚が両側についていて、六列の書棚がくっついた集密型で、日本では見たことのないコンパクトスタックのようです（六層の書庫部分のそれぞれの床は耐火構造ではない）。

今の日本でしたら、自動化書庫とか可動集密書庫にするとか、別の合理的な技術もありますね。この当時の日本ですが、国立国会図書館の書庫の収容冊数がたったの二二〇万冊です。日米の図書館状況と先を読むべき計画のあり方について、彼我の違いを感じます。ご参考までに、隣の図面は、国連事務局付属図書館で、一万一、三〇〇平方メートルで二五〇万冊です。

多摩デポの構想では、目標収容一千万冊、当面一〇〇万冊収蔵できる施設としたいとありました。機械式書庫などのことや、事業計画の記述も読みましたけれども、大きく提示されたことは、こういうシステムや利用方法、施設形態の将来イメージでしょうか。当面は地域の図書館相互のインターローンだけでなく、資料廃棄や保存についての協調を優先して、書誌情報の共有化に取り組んでおられるということですね。

シカゴの施設の利用対象は研究者で、書庫にも入るようですが、この施設運営の職員体制を維持すること等、施設建設以上に整った計画だと想像できます。

佐藤仁先生のことに戻るのですが、発達したアメリカの図書館状況を調べ、視察して、現実の日本では、開架五万冊とか七万冊、閉架五万冊の図書館を、求めに応じて計画設計をしていたのだと想像します。二十年後三十年後にこれでいいのだろうかと、悩まれていたでしょうね。「図書館建築が図書館を超えて良くなることはないのだ」というのも、当時の先生の口癖でしたが、「単なる図書館ではなく、画期的な図書館建築」に焦がれる建築家たちへは、真意が伝わらなかったようです。

7 その後に続いた、新しい市民の図書館に起きたこと

新しい「市民の図書館」の理念方針では、書庫は倉庫であり、図書館の成長を成立させる機能としては考えられていなかったと思います。そして、そうした考えで図書館施設が量産されて、年月を重ねてきたことを思い返します。

埼玉県のある町に図書館が生まれて注目を浴びました。当時日本一の二桁の貸出密度（町民ひとり当たり一年間の貸出冊数）を達成されたということを聞いて、私達も皆で見学に行きました。コンパクトな開架構成、書庫は無く、日野市立中央図書館の理念そのままの、図書館界では教科書のような施設でしたが、全体が小振りの単独館なので、成長後の問題は早めに起きることも予測できました。前後してでしたが、私たちは、埼玉県小川町立図書館の整備を手伝うことになり、基本計画書に書かれた収容力と成長性について、図書館司書の神原和子さんたちと議論し再検討をしていました。多摩地域や埼玉県内の図書館を一緒に見学しては、「開架からつながり、利用者が使える書庫のあり方」を議論したものです。前出の町立図書館開架室の五段書架は、私たちが福岡県苅田町立図書館で提案した形式と似た高さでしたが、すでに棚上に木製の棚箱を積み重ねて、開架資料の増大に対応しておられました。書

庫を持たない単館体制の町立図書館は、開架室に資料が収まらなくなり、避けたい「資料廃棄」をついに行ったらしいと話が伝わります。

小川町の図書館では、そうした風景を「避けたい将来」として想像しながら、図書館の皆さんと計画の軌道修正をしたものです。書庫は開架と連動して働き、開架や図書館全体の成長を機能させてくれる「洪水の時の調整池」のようなものだという考えを、そして、光と風の入る快適な書庫回りの作業環境を、図書館員皆さんと話し合っています。

私たち図書館を学びながら建築設計をする者たちも、スタートは、当時の日野市や昭島市の図書館を教科書に、開架八万、閉架五万冊と教わって、その後、公共図書館の一、五〇〇平方メートル時代が一、八〇〇平方メートル時代になり、二、四〇〇平方メートルの時代になっても、「書庫は年間資料費の五年分」で算出された図書館基本計画書に従って仕事をしていました。ずいぶんの期間、人口何万人の町村、市であろうが、年間資料費（受入増加冊数）が未定のままに、どんぶり勘定でしょうか、書庫一〇万冊時代が続きました。一〇万冊が埋まるまでに数年、という状況も現実になってきます。そしてある時から、基本計画書の書庫の数字は三〇万冊に急増する。二十五年前の設計の伊万里市民図書館の基本計画書には三〇万冊とありました。そうなると、私たち設計者は、また懐疑的になる。「限られた予算や面積の中で、いきなり三〇万冊の空の箱を作っても、長期間がらんどう状態にならないか」想像どおり段ボールと椅子が積まれた広い物置のような書庫を見学したりもしました。書庫は、「空の時と満杯の時だけではなく、積み上がる中間の期間を有益な状態であるように計画し、しつらえられるか?」が求められていないか。考え始めると、書庫論は難しい大切な図書館計画のテーマです。あちこちで、図書館員と設計者が悩んで議論して、その後に、浦安市や伊万里市で、それまでの開架と閉架の中間領域となる「公開書庫」などの形が生まれています。

8　日野市立図書館の草創期の書庫論、図書館論をさがす

一九九九年に『前川恒雄著作集　全4巻』（出版ニュース社）が出版されて、第3巻『図書館の変革』に付箋をつけて読みました。現在の私たちのいくつかの状況につながる「源流」が垣間見えた気がして、ドキッとしたものでした。「教育と文化と図書館」という箇所（初出『出版ニュース』一〇四〇号一九七六年五月上旬号）です。前川先生は、梅棹忠夫氏の発言を引いて、「氏の図書館観の高さ、文化についての識見を示して十分でありこのようにさわやかなすがすがしい意見に接して胸のすく思いがした」と書かれています。

その意見というのは、『都市と文化問題』（大阪文化振興研究会編　創元社　一九七五）からですが、「私は、大阪でやって、大発展する可能性があるのは図書館だとにらんでいるんです」「本をたくさん集めて保存するところじゃなくて、無料の貸本屋という考えをしております。ですから閲覧室みたいなものは一切要らぬ、極端に言えば、書庫も要らんのです」というのです。庶民に本を読む習慣を持ってもらうことが大切であるという主張の、この時代を振り返ります。私たちが教科書として線を引いて読んだ『市民の図書館』（日本図書館協会一九七〇）の理念や方針を、さらに微分捨象して、わかりやすい言葉、旗印にしています。図書館サービスの展開や戦略として、後に流行した「一点突破全面展開」のような力強さですね。

さらに梅棹氏は言います。「まず、文化を教育から切り離さなければいけない。教育と結びついている限り文化は伸びないというのが、私の持論なんです」「教育委員会が文化行政を握っているところでは伸びないんです」そして、それを受けて前川先生は、「日本の図書館が理論面でも実際のサービス面でも、世界の国々に大きく水をあけられている最大の原因は、図書館を教育行政の一部だと考えるところにある」と、行政を動かす戦略について書き加えています。近年、図書館が受けた批判の洗礼がブーメランのようで、腑に落ちる気分ですね。

著作者や出版社、新聞が論陣を張った「図書館は無料貸本屋か?」「図書館を教育委員会から首長部局に移して活性化を！」という状況のことです。この二つは、今でも私達の時代が抱えている大きな課題でしょう。この論法のベクトルに対して、「図書館には教育基本法やその前文を体現する使命が、流行に対する不易のように並走している」ということを知る必要があると、私たちは山口源治郎先生のお話を聴きながら、確かめているわけですが。

それから、現代の図書館の真の魅力、役割についてです。開架室では、資料は関係づけられ構造化されて資料配架されることで、現実世界を映す資料世界の表現がされている。その環境の内を逍遥―ブラウジング―することで、一冊の本に出会う以上の世界を感得することができる。これは、ＩＣＴには置き換えられない図書館の魅力として、いくつもの図書館が目指しているところです。

社会を動かす理論を先鋭化、抽象化、微分していくと、何かがこぼれ落ちる、ということがないでしょうか。微分では定数（ノイズや豊かさ）が捨象される。申し上げたい趣旨は、当時の文章から犯人探しをしたいというのではないのです。ある意味で、その後のバトンを継いだ私たち世代の責任ではないかと考えているのです。どこかで、指示された通りに器を造っていればいい、というような思考停止があったのではないかと省察しています。

9　一九八三年大磯町立図書館の観察から一九九〇年苅田町立図書館書庫提案

一九八八年福岡県苅田町立図書館の設計の時に、提案したテーマの一つが書庫でした。お手元に、「苅田町立図書館の建築が目指すもの」という冊子の抜き刷りをお配りいたしました。建築計画に関わる私たちの当時の問題意識を書き留めたものです。書庫についてのみご説明します。

当初、抜擢された司書の才津原哲弘さんや山崎周作さんが中心になって、図書館員が自前で作られた基本計画書がありました。その開架の面積や収容冊数のプロポーションを見ると、地域資料コーナーが大変に小さい、書庫についても四万冊でいいなど、設計者側としては疑問がありました。打ち合わせは設計の条件へも逆流をしました。

実は、大磯町立図書館を一九八一年に設計して、開館後も折々に見学や観察をしていたのです。開館の八年後に、「二階の郷土資料館が転出するので、図書館を拡張したい」というご相談があり、改造をお手伝いしたのです。その時に司書の皆さんと相談や研究をして、一階開架の資料群の配架も相当変わりました。ヒアリングの際、後に館長になられた司書の遠藤聰太郎さんから、「ヘビーユーザーを地階の閉架書庫にご案内して接架してもらうと、とても喜ばれる。そういう利用者もいらっしゃる」と教わりました。一九八一年当時ですから、町立図書館の十万冊書庫は地階の奥にあって、利用者がアクセスして本を探すことまで考えていなかったのですが、「開館してたった八年でそんなことになるのだ」と勉強になりました。成長と変化はケースバイケースなのでしょうが、そうした反省は、お手伝いした図書館との関係を持ち続けていないと気づきません。

そこで、苅田町の設計では「書庫の中に利用者をご案内できたらいいと聞きましたよ」と叩き台の案を出しました。地域資料コーナーに隣接させて、書庫の扉をつけておく。積層書庫にして、設計条件の四万冊を実質八万冊に増やす。（この時はまだ、書庫上層の建築床面積の加算は不要でした）上層は可動集密書架としてロックシステムで閉鎖管理をしておき、下層は固定書架として、参考資料や逐次刊行物のバックナンバーも置いて、レファレンスデスクから書庫内に利用者を案内もできる形式にしました。机上の打ち合わせ段階では、さほど関心を持たれなかったのですが、現在は開架資料群の延長のように、うまく利用されています。人口が三万五千人の町ですが、子ども重視、貸出重視、全域奉仕の図書館サービスの三原則が教科書通りに整って、本物の図書館に成長してゆきました。一九九〇年五月開館ですから、現在二九年目で、順風も逆風の時代もありましたが、開館一五年の時点では、移動図書館が学校を廻り、三分館を造り、蔵書三五万冊、登録率八五％に大成長しています。

図書館施設の計画では「設計者は何を期待されているのだろう」と、当時からスタートの時に考えています。図書館建築の設計競技（プロポーザル）の度にです。かつては、鍛えられた図書館員が、図書館づくりの最前線に居ましたから、彼らが求めている施設提案は、日野市立中央図書館の原則やパターンに副っていなければ、落第になります。

お手元には、苅田町での説明に使った資料をお配りしました（資料４）。一九六〇年から一九九〇年に至る代表的な図書館プランの同スケール比較表です。施設計画の規模が大きくなって、敷地が広ければ朝霞市立図書館のように展開できますが、敷地が狭いと図書館設計は難しい。武蔵野市立吉祥寺図書館のような柔軟な答えは導き出せません。設計者の鬼頭梓先生はさすがですよね。苅田町立図書館のスタートの時も、獏とした広い敷地を見て、それまでの問題意識が渦を巻いてきて、素直な平面を提出できず、対面した司書さんをいらだたせてしまいました。プランに賛同をいただけず、「もう我々は辞退しよう」とまで煮詰まったりもしました（竣工後は、提案が場の形として見えて、大変喜んでいただきました）。

設計者は、過去のお手本の平均値を提案するだけでなく、過去からの課題をどう解決するかという提案をすることも必要です。提案には問題意識と継続的な図書館観察が不可欠です。

1983

大磯町立図書館
- 1864㎡ B+2F
- 3万人の町活発な図書館
- CIまちづくり効果
（菅+寺田担当）

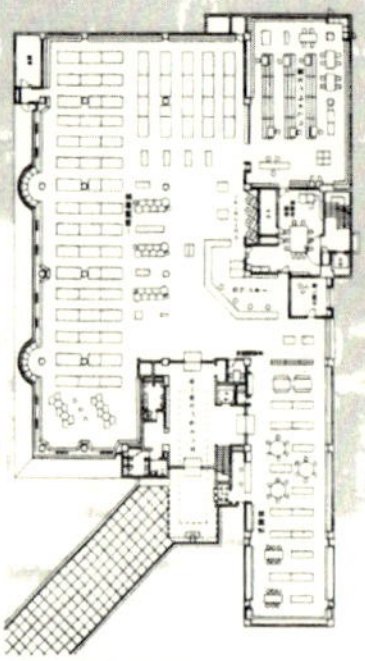

浦安市立図書館
- 3025㎡ B+2F
- 市政の目玉商品
- 活発な活動
- 登録率59.7%

1987

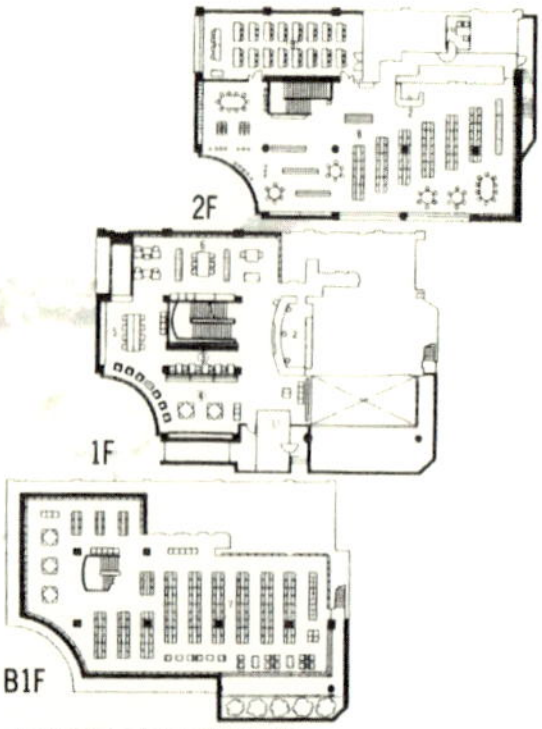

武蔵野市吉祥寺図書館
- 1650㎡ B+2F
- 都市型駅前分館
- ワンフロアー主義解決

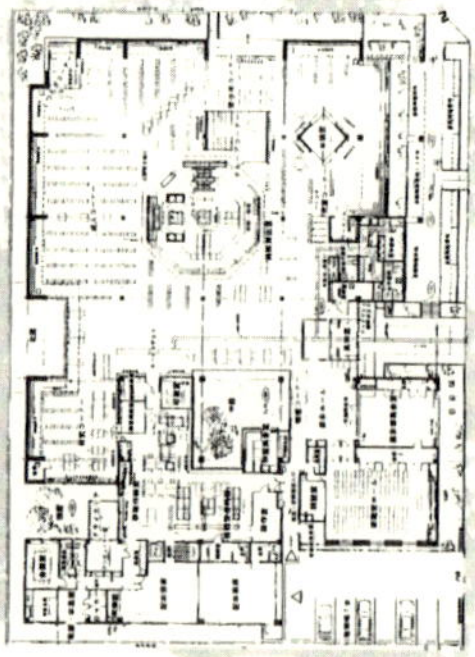

朝霞市立図書館
- 2769㎡ B+2F
- 2500㎡ ワンフロア
- 書架と読書席混在

1990

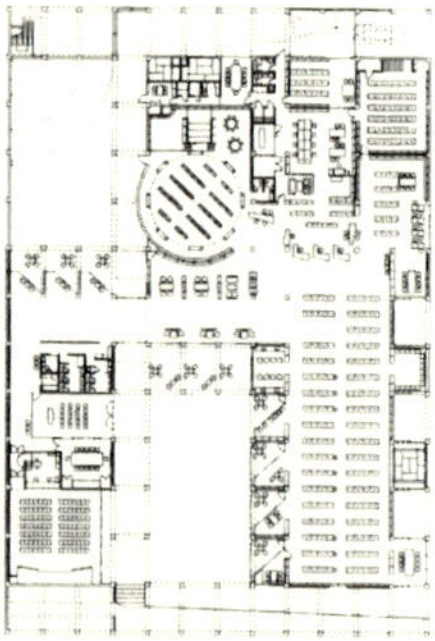

苅田町立図書館
- 1982㎡ 1F
- ただの環境になれたか
（菅+寺田担当）

資料4　1960年～1990年の市町村立図書館プランの拡大変遷

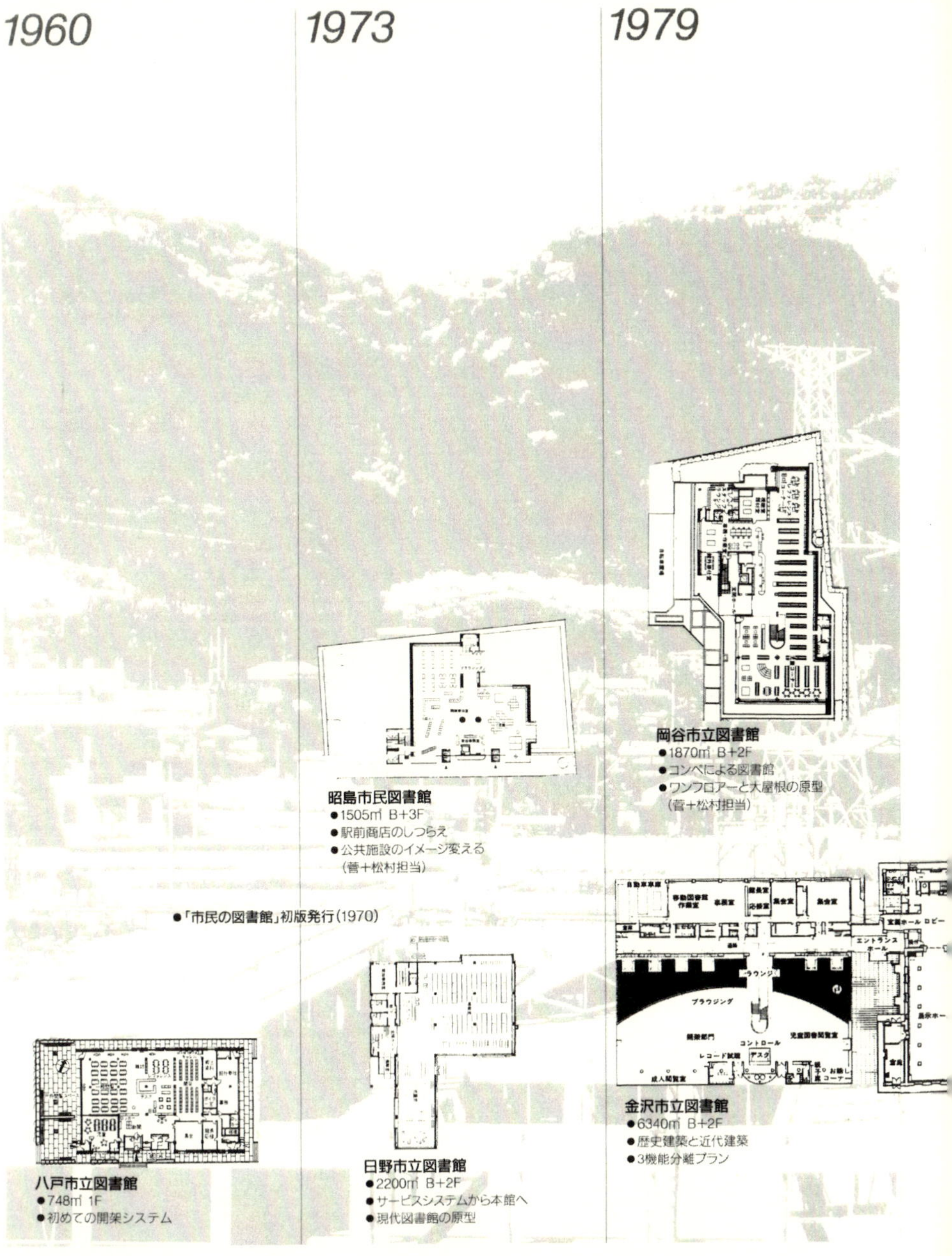

10　一九九二年伊万里市民図書館での書庫の提案

一九九二年、伊万里市民図書館の設計プロポーザルでは、提示された基本計画への意見として、一六枚のカルタに提案をまとめて提出しています。その書庫についての部分と、その後の基本設計で打ち合わせノートとして使った「設計条件カード」の記録、市民協働の勉強会「図書館づくり伊万里塾」の話題の抜き刷りをお手元にお配りしました。「協働」という都市計画用語を図書館づくりに持ち込んだ最初だと思いますが、書庫問題も含めて、図書館の専門的な内容を、学習しながら考えるという参加の形式でした。基本計画書にある三〇万冊の書庫条件についても、設計の提案の上流にある問題意識の共有につながるように、必死に説明しています。書庫形式についての提案の趣旨は、次のものです。

一つには、開架室の奥座敷というか、開架の奥につながるもっと深い資料世界がある環境を、利用者に見えるようにしつらえたいということ。開架から、二階と三階が丸見えでつながる積層書庫を造る。（火災時には、煙感知連動の防火シャッターが開架と書庫を区画します）

積層書庫下層の二階は、「公開書庫」と命名して固定書架を並べ、調べごとの利用者は開架室（ＢＤＳゲートのある相談デスクの脇）から入室でき、自由に接架できるようにした

資料５　伊万里市民図書館の「16万冊開架室」「2階10万冊公開書庫」「3階20万冊配架書庫」

公開書庫へのアクセス通路にある展示及び書庫の棚を利用した「世界子ども陶芸博」作品展示

い。そこは、開架の規模よりやや小さい一〇万冊。開架室から見えるけれども、積層書庫の上層三階は、エレベーターで入場が管理区画されて、閉架書庫となる。可動集密架を必要に応じて徐々に買い足してゆけば、収容力は最大二〇万冊。その上階は同じ面積の小屋裏があり、倉庫になっています。四層の異色の収蔵スペースができあがります。

二階公開書庫のしつらえでは、書架の互い違いに棚を抜いて窓台を配置して、視線が隣の通路に抜ける展示棚を造りました。書見机になったり、悪戯防止の相互看視窓になったり、本に関係する現物資料の展示にも使えるという提案です。気分転換のアート展示でも良いと説明しましたが、後年に「世界こども陶芸博」がお隣の有田町であって、その作品が寄贈されました。そして、公開書庫内の棚には子どもの焼き物五〇〇点が飾られて、ギャラリーのような楽しい景観が書庫に生まれています。くつろげる机と椅子があったらとも考えましたが、この書庫は法的に「非居室」扱いのため不可。尻当てのヒップレスト棒（尻休めの形のベンチ状形状のこと）にとどめました。机や椅子があって人が滞在する目的の部屋は、建築法規では「居室」扱いとなり、採光窓や排煙窓や二方向避難や法令に対応する装備が必要になるのです。

二つ目に、図書館員が「本の墓場」と感じない、安心で身近な書庫をしつらえたいということです。図書館員と話していて気づくことですが、書庫とは、開架から押し出された利用度の低い本が「しまい込まれる」倉庫という概念をお持ちという印象です。大切に選書した本を、できれば閉架書庫には入れたくない。それで、開架の書架はぎゅうぎゅうになってくる。開館の時には開架全体に展開されていた本の平置き表紙見せの多弁な風景は、昔の図書館に戻ったように背文字の行列に戻ってしまう。苅田町で経験したそうした逆戻りを回避する為には、開架での展示型書架の開発と、図書館員が躊躇せずに本を入れられる書庫形式が要る。そうすれば、開架とつながり、そこにその本が置かれる意味が発揮される。一六万冊開架は、疎密のグラデーションがある二六万冊の資料世界として拡張されて表現できる。図書館員の資料表現の手段が広がる。

利用者には、出会う資料世界が収蔵密度の濃淡をもって拡大する。雑誌など逐次刊行物のバックナンバー、全集の全巻、五年を過ぎた資料の検索など、利用者が接架できる一〇万冊公開書庫を、基本計画書にある三〇万冊と割当てられた床面積のままに配置するという提案でした。

資料の配架分類の表記についてですが、開架ではＮＤＣ（日本十進分類法）順だけではなく、設定主題別分類も取り入れて、副本なども複数の設定主題に混配しています。開架から公開書庫に移動する際には、開架にあるか書庫にあるかという配置場所表記だけでなく、複数の異なっていた配架分類をNDC分類に統一して配架しています。開架から公開書庫、閉架書庫に続く、流行から不易への資料分類や書架表情の違い、配架のグラデーションの表出も、司書の犬塚まゆみさんたちとの設計協議ではテーマとなりました。開架系の地域行政資料コーナーでも、「R」などの別置記号をつけた一般的配架記号ではなく、総合化した四つの主題を設定して、そこに関係づけられた一般資料も副本で混配するなど、収書と分類と配架に意識と研究が深まっていきました。

「開架と閉架の二つに分化した面積と収容冊数だけが記載された建設基本計画書で、考えることと伝えるべきことは終わりとして、あとはなりゆき」ではなくて、「資料世界とその表現が図書館員の目的意識の中心にある図書館づくり」の話し合いを図書館員と一緒に行うことができて勉強になりました。これらも苅田町立図書館での思慮深い図書館員との話し合いや、その後の展開への観察から実現できたことだったと思い返しています。

11 伊万里型公開書庫に続いた書庫計画の試み

伊万里市民図書館開館後の「公開書庫」の利用の状況を、埼玉県小川町立図書館の神原さん達や、千葉県君津市立図書館の館長田野正人さんたちと見学して、運営維持管理の職員負担度や、連続環境での空調の廻り方とか、公開書庫内でのキャレル席の必要性など、更なるご希望やアイデアに対応して、法的な扱いや形態や装備を変えながら、それぞれの図書館の「開架と閉架書庫の中間の集密な資料の居場所」をしつらえてきました。

一九八三年開館の浦安市立中央図書館では、有名な「本の森」が一九八九年に増築されています。浦安の「本の森」には、採光窓や排煙窓やキャレル席もあり、床も耐火構造の仕様で「居室開架室」(通路幅一一〇センチメートル)であり、当時の常世田良館長さんには、新しい計画の度に訪問して、幾度も館長さんご自身から、ご案内ご教示をいただきました。浦安市立中央図書館の「本の森」は、一九九〇年設計の伊万里市民図書館の公開書庫(非居室・通路幅九〇センチメートル)とは法的な扱いが違います。

一九九七年設計の小川町立図書館には、一二万冊開架に連続した地下研究席部分に六万冊の高書架群を配置しています。青石を積んだ地下テラスに面した「石垣の文蔵」は、非常時

資料6　小川町立図書館　6万冊「公開書庫」
手前は郷土資料の貴重書架。左奥には10万冊の閉架書庫

青石階段を降りると地階の公開書庫

石垣積テラスに面して配置した公開書庫内の研究席

資料7　君津市立中央図書館の10万冊「公開書庫」とキャレル席
上方の小窓裏は30万冊の閉架書庫

22万冊の開架室から見える
「公開書庫＝本の森」と閉架書庫

公開書庫の通路に配されたキャレル席やソファー席

には防火シャッターで区画される書庫的機能も持たせてありますが、法的な扱いは開架居室の条件を満足させてあり、一〇万冊閉架書庫は地下階に別置されています（資料6参照）。

一九九八年設計の君津市立中央図書館開架は実質二〇万冊。その二階に一〇万冊公開書庫の「本の森」という開架系の一部分を居室の領域として、キャレルをならべるなど工夫しています。その上階にはRC造の防火床で区画した「非居室」の閉架書庫や特別保存書庫などを、二層の三〇万冊積層書庫として配置しています（資料7参照）。

二〇〇六年設計の南相馬市立中央図書館では、その基本計画書に開架一六万冊、準開架一五万冊、閉架三〇万冊、地域BM奉仕用五万冊、が条件とありました。しかし、資料構築の規模や資料世界表現の構造、本の配置の動かし方などは未定ということでしたので、叩き台の提案プランを下敷きに、資料世界の構成や規模を相談しながら、建築平面の構成を、後に副館長になる早川光彦さんたちと調整してゆきました。今ではもうベテラン司書の高橋将人さんとは、開館後も何度も一緒に開架を巡って歩いています。

加えて、近年、新たな法令上の規定が、生まれたことについてです。バリアフリー法が制定されて、法の系列にある、自治体それぞれの福祉のまちづくり条例の規定が明記されています。これまでの建築基準法の規定以上の通路幅や出入り口の幅などが、公的な施設では要求されるようになってきました。今後の新設では、誰でもが使う「みんなの」居室として「本の森」や公開書庫を造り使うのであるならば、書架の間の通路幅はこれまでの九〇センチメートルではなく、開架で用いている一二〇センチメートルではないかと指導される可能性が強いと想像しています。（南相馬の準開架は、車椅子も通れるこの通路幅や形状にしています）

最近経験した、ある市の図書館検討委員会での書庫議論や、ある県の基本計画原案を見て感じたことですが、「開架」「準開架」「公開書庫」「閉架書庫」という名称だけから、お互いに曖昧な理解のまま、計画の議論が進められている状況もあるようです。

書庫についての計画でも、面積や冊数の数字合わせだけではなく、資料（世界）計画がまず必要なことや、書庫の形態と安全性など後でも触れる法律問題があることを学習した上で、構想や計画や検討協議がされる必要があると思われます。

資料8　南相馬市立中央図書館の16万冊開架は4群に区分
上階の15万冊準開架「本の森」も、開架の主題に対応させた配置

開館9年目の開架を「本の森」から見る

積層閉架書庫と連続する作業室は、
耐熱防火硝子で区画

開架と上階「本の森」が連続する景観

12 図書館計画と、建築の法律と、運用の安全（危機管理）

二〇〇七年の図書館総合展で「図書館と図書館員のためのサバイバル講座」という講座があり、図書館の運営や維持管理にあたっての危機管理についてお話した時の資料に加筆をしたものを、お配りしました（資料9）。近年、図書館運営にあたる職員の体制は様々ですし、ご利用の施設や設備の安全対策の状況を図書館員が知らなければ、利用者や着任早々の職員の保護誘導もできないですから、こういう企画が生まれたのでしょう。

運営面では、「地震・雷・水害・火事・犯罪への準備、施設への理解が必要です」とお伝えしました。本日は、書庫に関わることを中心に、お知らせできればと思います。

さて、その施設が安全に設計されているか。建築物は確認申請を出して、建築基準法や消防法の細かな規定について審査を通らなければなりません。新築の時だけでなく、学校を図書館として使ったり、図書館に店舗を複合するなどといった改造をしたり、申請時の用途を変更する場合は、建築基準法上の「用途変更」ということで、確認申請を出し直さなくてはいけない。近年話題になった地方の図書館が、実は無届けで改造改装をして、開館してから消防の査察が入り、一部分使用禁止になってしまったという例もあります。安全避難の要件は重要です。

ホ、火災煙と避難；建物用途で違う防災設備。

◎公共図書館は500㎡毎に下り壁で区画排煙、煙にまかれず避難できる。
○火災報知や煙感知連動や手動で排煙高窓が開放され煙が充満しないか?
○二方向の避難通路は確認してありますか。 ｵﾍﾟﾚｰﾀｻｲﾝは見えますか。
○常閉防火防煙区画の鉄扉をくさびやﾀﾞﾝﾎﾞｰﾙ箱で常開にしてませんか。
○学校大学図書館は排煙設備・非常照明が未設置でも法的に可能。それは、不特定多数の利用者でなく、避難訓練が十分で、職員も常時居る前提。
○夜間利用させる場合、学校施設でも非常照明が安全上は欲しい。あるか。

▽現状の防災・避難誘導設備の現状を皆で確認しておきたい。
▽夜間開館や職員が居ない貸し部屋的利用、「その時」を想像する。
▽安全設計、設備点検、運用訓練、管理責任が指定管理型にも必要となる。
かつての図書館の利用/管理の形態を前提にした法例適用や、図書館だけの緩和規定。

●公共図書館、学校の部分である小中校の図書室や大学図書館、建物の種類で整備すべき仕様設備がずいぶん違う。

開架室　閉架書庫

	公共図書館	公共図の書庫	各学校図書館	学校図の書庫
採光窓面積	床面積×1/10	不要	床面積×1/7	不要
換気窓面積	床面積×1/20	不要	床面積×1/20	不要
排煙窓面積	床面積×1/50	不要	不要	不要
非常照明	必要	必要	地下以外不要	地下以外不要

※準開架/公開書庫は法的にどっち？

へ、「書庫」の安全機能・設備も一様ではない。

●倉庫扱いだった書庫に変化が出てきた。閉架書庫、公開型書庫、準開架は安全か。

◎「図書館雑誌」の座談会記：***困った利用者(大学？)が書庫の窓から顔を出して煙草を吸う***。とある。漏電失火、放火
○書庫は倉庫と同じ非居室。利用者が長時間滞在しない想定で安全設備が無い。
（近年の公開利用書庫は居室並安全設計が増えた。利用形態の改変が怖い）
○「二層までの積層書庫は柱・床も耐火構造でなくてよい」緩和の意味と現状は?
多層の鉄製書庫で出火すると書庫内全焼。書庫内研究席に避難路案内は?
○巨大な大学書庫は排煙設備・非常照明が未設置でも法的に可能。それは、不特定多数の利用者でなく、避難訓練が十分で、職員も常時居る前提だが。
○災害で停電になった場合、地上の大学書庫でも非常照明が安全上欲しい。

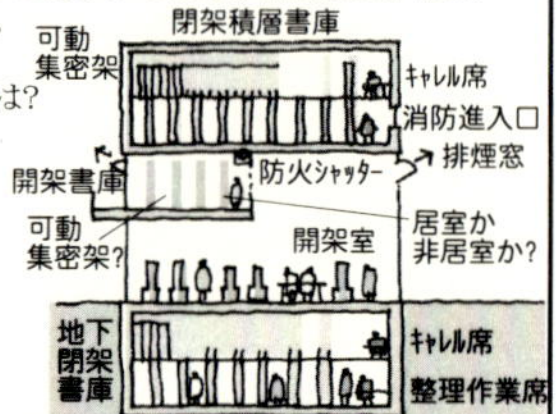

▽旧来の防災設備で書庫に滞在させる危険を皆で確認しておきたい。
▽書庫等の可動集密書架は大地震で動いた。利用者を近づけてよいか？
▽大地震で書庫内の本が通路を埋める例あり。利用者避難路の検証を。

ト、図書館の会議室・視聴覚室の造られ方。

●会議室・視聴覚室は図書館付属施設。
ホール・集会室は建築法上は「異種用途」
図書館と、大ホールや包括支援センターなどの複合で緩和規定除外。階毎に区画とｽﾌﾟﾘﾝｸﾗｰ。

○公共図書館の視聴覚室等は職員が主催し特定者利用で安全だとの法理解。
（通称として、○○ホールや大集会室の室名でも、法律申請上は会議室）
○もし**不特定多数の利用者や団体に対して、部屋貸し利用**をさせるなら、
法律上は集会施設であり、図書館と異種用途とし、施設の防火区画と直接的避難階段が必要になる。**確認申請でそう約束して建築するべき。**
○複合施設申請であれば当然、防火区画・ルート区画が計画上は必要。
確認申請の前提と異なる利用形態や運営形態の変更を事後にした時、災害で人的被害が出れば「管理瑕疵責任」が裁判で問われる。
▽建築基準法申請の誓約に無頓着に利用形態の変化はありませんか。
▽災害時の避難誘導の責任は「有償場所貸し」をされた場合でも、図書館と図書館員にあると考えられる。行政の共通理解が必要です。
▽図書館開架室の中に、店舗商業系の改造。←確認申請が再度必要です。

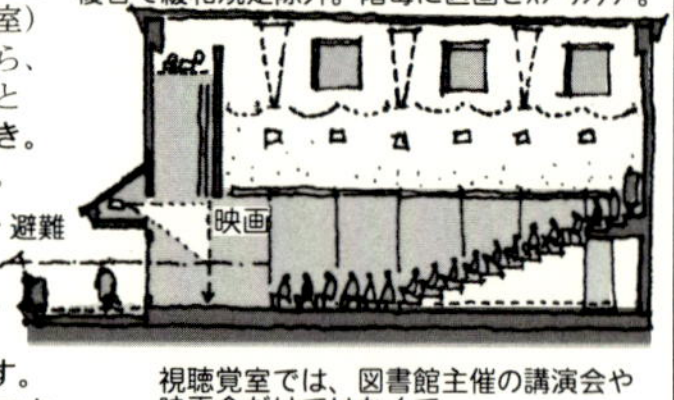

視聴覚室では、図書館主催の講演会や映画会だけではなくて、・・・・・

チ、法律が想定している図書館・学校施設の安全管理者とその責任

◎設置瑕疵（責任）、管理瑕疵（責任）

図書館施設がどのように防災や安全に配慮して造られているか、建築基準法・消防法などの基準をお話しました。法令は、それぞれの施設の特色と利用状況に応じて安全基準を定めています。そうした施設成立の前提条件について理解が申し送れていない場合や、その施設の活動状態や管理運営の形態が建設後に変わっていくことで、安全機能が担保できなくなる場合を、計画・設計という図書館づくりの序章に関わる者たちは心配しています。

非直営・多様な職員雇用形組織・窓口委託・指定管理者・深夜開館・無人開館・集会展示系諸室の有償貸し、など**30年前では登場しなかった「計画条件言語」**が生まれています。また、**計画設計建設時点では運営形態が未定**という事態までも、異常と考えない行政自治体も出てきました。設計や**確認申請の前提・信義**が揺らいでいないでしょうか。

「図書館を成立させる要件の75%はそこに働く図書館員で決する」と言われてきました。利用者と資料の安全を危機から守るのもまた75%は図書館に関わる人によるでしょう。法律ルールの話ですが、図書館の運営責任と成長管理責任だけが図書館員の任務では無くて、**危機管理責任もおおきな責務**であることを、所属する組織母体にお知らせ下さい。

●つまるところ、図書館環境の安全も「人」「管理運営の体制」次第です。
●さて、共用型保存図書館の、活動運営や法的な位置づけは、どう想像しましょうか？
・図書館か倉庫か？　・書庫は居室か非居室か？　・同一階に大型複合用途はあるか？
・利用者は？　・特殊建築物か？　・寿命の想定は？　・拡張増築性は？　機械式可？

「災害に際して図書館（書庫）環境は・・・、利用形態/建築法令/瑕疵責任」

図書館建築環境の安全性能は、まず建築基準法や消防法などの法律で規定されている。図書館の活動と場を法律が想像して安全条件を定め、これを満足させて計画·設計·建設が行われて、利用者と図書館員が実働する。３者共通のはずの認識/前提条件にずれはないだろうか。８つのお話ですが書庫についてもいろいろあるのです。

イ、地震の時；建物の強度はどうか。

●設計強度基準の進化・・・建築の寿命は法律で決まる。
図書館の書庫に期待する寿命は？

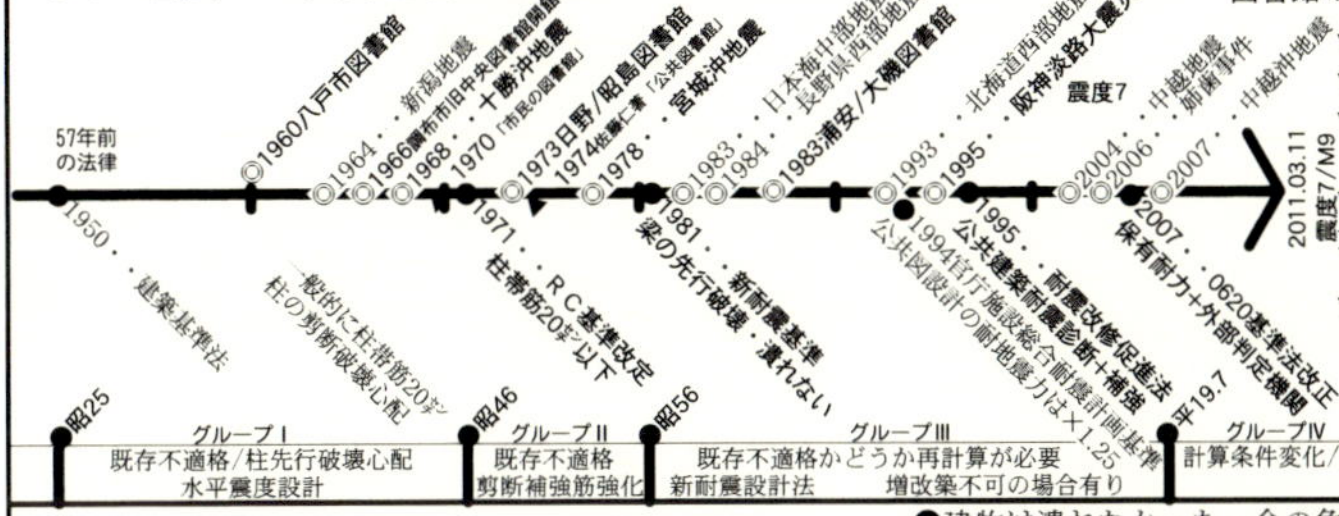

▽建築内部に居て安全か
▽他の施設より安全か
▽耐震補強は有効か
（法的不適格の程度）
▽公的建築物・図書館の強度
125％割増は全図書館にはない？
（PFI事業、再開発ビル、学校）
▽計画通知建築は昔の建築は、
構造計算書を出さなかった？
法改正で将来増改築は可？
震度８を超える経験はまだ無い。

ロ、地震の後；安全か逃げられるか。

●建物は潰れなかった：命の危険・大きな心配はないか?
書庫内の職員や利用者の入場頻度/危険度は？
ｽﾌﾟﾘﾝｸﾗｰが渦巻くｶﾞﾗｽ張りの利用型書庫の登場で？

○壁面硝子・ｻｯｼｭなどの大散乱報告は日本では聞いてない。
○ガラス防煙垂れ壁の落下、ｽﾌﾟﾘﾝｸﾗｰ**誤作動**は前例がある。
○エレベーターが最寄り階でなく中間停止した前例がある。
○停電で**書庫など無窓非居室**に非常照明の点灯はあるか。
○停電で夜間であれば照明が消え給排水ポンプは停止か。
○**防火扉**が開かなくなる（閉まらなくなる）事例あり。
○どんな書架が転倒・破断・滑走したか前例を知っておく。
（利用者が接架する単柱複式高書架、薄型置き書架、可動集密架の検証）
○ﾌﾘｰｱｸｾｽﾌﾛｱでの各種書架固定の挽動は前例報告がないが。
○裏方を含めて**避難通路**廻りの整頓や機能点検が必要だ。
○地震に加えて大雨・火災・夜間など複合条件も想像する。

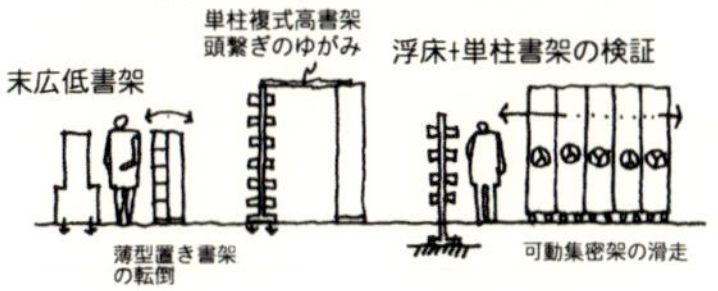

▽施設営繕の担当者から防災留意点を聞いておく。
▽設計者を呼んで一緒に館内を歩いて確認してみる。
▽ｻｰﾋﾞｽﾃﾞｽｸの人が利用者を誘導できる必要がある。

ハ、台風大雨；図書館室内が浸水した？

●雨が漏っても人は死なないが開架閉架が水に浸ったら?
資料はどうなる。　避難場所として使えるか。

◎敷地や道路排水管（7年確率?)が満流になって雨がはけないと・・・
○道路に溢れた表面排水が低地の図書館内に流入した前例がある。
○低地の施設で地下に書庫を造って冠水。揚水ﾎﾟﾝﾌﾟが機能しなかった?
○開架床がグランドより低く排水不全で内樋の室内桝から冠水の例。
○地下の雨水槽の排水ポンプ（普通2台）が機能せずに水が溢れた。
○ｵｰﾊﾞｰﾌﾛｰ孔不足：50年確率の大雨で屋上がプールになって漏水。
◎雨ではないけれど地震で
○開架室天井のｽﾌﾟﾘﾝｸﾗｰ**配管接続が割れ**、**開架室冠水**の例がある。
（ｽﾌﾟﾘﾝｸﾗｰ導入の甘い誘惑：防火区画面積を倍にできる。誤作動が無ければ、）

（ｽﾌﾟﾘﾝｸﾗｰ免除の消防法緩和：図書館だけの緩和規定。近年の複合用途化でアウト）
▽図書館として安全な敷地選定・宅盤か、再確認してみる。
▽内樋の安全策、揚水ポンプのメンテ、止水板+堤体は？

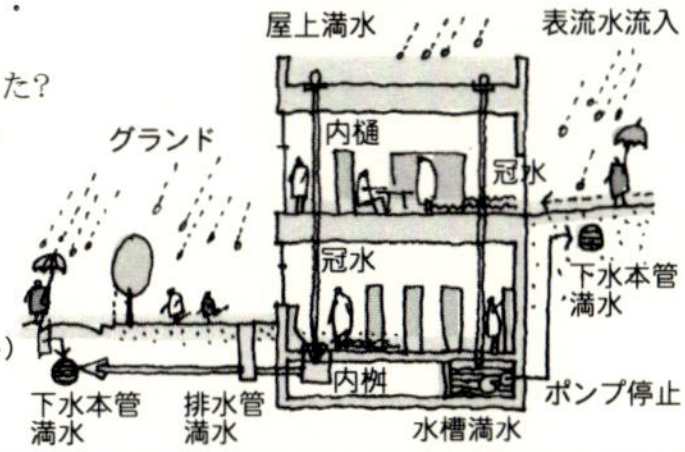

ニ、火災；平時に避難と延焼防止を確かめておく。

●ﾜﾝﾙｰﾑ開架室が広く大きく立体的になってきて、
防火区画と排煙窓と避難計画が難しい。
保存図書館の位置づけ、使い方、居室問題。

◎図書館内の居室なら、**1500㎡毎に防火区画され、二方向避難**できる。
○火災報知や煙感知で連動して常開のシャッターや鉄扉が閉まる。
○常閉区画の扉を開け放しで固定して使っていませんか？
○二方向の避難通路は確認してありますか。サインは見えますか。
○**書庫や倉庫、非居室に利用者は頻繁に入る？**混乱せず**避難**できますか。
○施設内から火気を無くす設計でも、放火による閉館後出火事件例。
○ｼｬｯﾀｰ区画設備を設け難い吹き抜け設計：ｽﾌﾟﾘﾝｸﾗｰで3000㎡区画設計。
▽法律ができた頃の図書館と違う利用（不特定多数、多様な活動と時間）
▽駅や商業施設のような利用形態だが、法令設備基準はそれより緩い。
▽安全設計、設備点検、運用訓練、管理責任の明確化が必要となる。

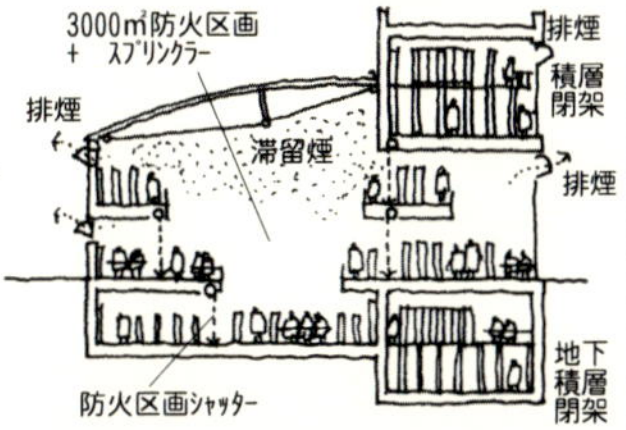

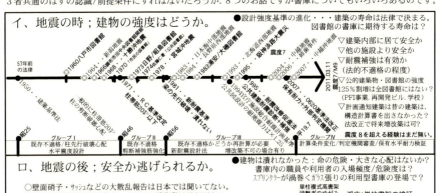

地震、雷、水害、火事、犯罪などの緊急事態に備えて、図書館の安全設備の状況を理解して、平常時に維持管理をして、非常時に安全を守る運用ができる。そういうことが前提になり建築施設が成立しています。その図書館の施設に慣れた職員が異動でいなくなったり、翌年度から全面的に民間委託運営になったりしたら、単なる本の貸出返却業務に限ればつつがなくても、図書館の利用者環境の安全は守られるのでしょうか。直営の図書館でも、正規職員が頻繁に異動交替したり、臨時職員が利用者対応の中心であったり、駅前拠点複合施設などで、安全のことを知る職員が非常時に不在となるとどうなるか、心配が絶えません。大きな災害が近年は頻発しますが、図書館の管理者や役所本庁では、市民利用の安全や管理瑕疵責任に十分な関心を払っているでしょうか。延焼区画が必要な防火扉にストッパーをかけて開放して使っているなどは、火災避難訓練の際に時々見つけることもありますね。ヒヤリとします。

さて、この資料では、施設がどう造られているか、どこに着目しておくかを説明しています。お読みになればわかるので、早足でお話しいたします。

イ　地震の時…現状の図書館の建物の強度はどうか

大きな地震がある度に、必要な設計強度や施行基準などの法律が変わります。過去の基準強度を充足して造られていても、法的に既存不適格建築になることも多い。将来的にこのままで良いか、構造補強が必要か、建替えが必要か、危険の程度を知っておくとよいでしょう。建築界では、地震時の被害予測を設計時期の四グループ分けで考えます。そのグループによって、どういう避難が必要か、想像ができます。

ロ　地震の後…現状の図書館の建物は安全か、逃げられるか

これまでの大きな地震で、各地の図書館から日本図書館協会への被災報告を整理した情報です。施設の損壊や避難に関して危険とされた事例です。図書資料が散乱し、照明も切れた書庫内からの避難や、書架の転倒や滑走の危険、硝子の防煙垂れ壁が破損して落下した、などが報告がされています。

ハ　台風大雨…図書館開架（地下の書庫）が浸水した？

普段から漏水しているのは論外ですが、大雨や下から吹き上げる暴風雨などで図書が水没するのも困ります。排水設備が敷地内では万全でも、道路の本管が満流になって排水不全で開架が水没した例、地下壁から浸水した地下書庫の事例がありました。地震時にスプリンクラーの誤作動で開架室が水没した例もありました。図書館の大規模化と複合化で、図書館に与えられていた消防法の緩和規定が使えなくなり、開架室や書庫の中にもスプリンクラーが設置される例を多く見るようになりました。設計に立ち会う図書館員も導入理由に関心を持っておくとよいでしょう。

二　火災…平時に避難と延焼防止を確かめておく

開架室など、大きな空間を持つこれまでの図書館建築でも、一般に、一、五〇〇平方メートル毎に延焼防止の防火区画がなされ、五〇〇平方メートル毎の排煙窓につながる防煙区画があり、シャッターや防火扉を機能させながら、二方向避難を可能にするよう設計されてきました。そんな仕組みがあることも、図書館員は知っておく必要があります。特に、窓のない書庫に不慣れな利用者や職員が入る場合など、非常時への留意と対策が必要でしょう。

ホ　火災煙と避難…建築用途で違う防災設備

地震火災や停電など非常時の安全な避難のため、不特定多数の人を受け入れる図書館では、非常照明や排煙窓の設置が義務づけられています。ところが書庫は、利用の想定上、それらの設備は不要と規定されています。非常時に書庫に居る人には危険が潜んでいると考え、近年は規定を超えて、非常照明や煙感知器を付けますが、そうでない建築も存在します。学校系図書館や書庫では、表にあるように更に緩和規定があって安全設備が軽くできるので、施設管理者の責任が重くなります。

ヘ　「書庫」の安全機能・設備も一様ではない

近年、利用者の滞在時間が長くなることをよしとする書庫が計画され、公共図書館でも社会人受け入れの大学図書館でも増えています。法律や基準を超えた安全設備の計画が、新館設計や既存施設の運用に必要だと感じています。また、地下階で窓のない書庫の中や、書庫に続く倉庫のような部屋が、職員の整理作業の環境になっているのを、山梨県の話題の図書館で見学しました。図書の湿気も心配ですが、法的に可能でも、図書館員が長時間働く環境の居住性や安全対策も必要に感じます。職員の裏方の環境にも、設計の配慮や懇切な説明が求められるべきです。

ト　図書館の会議室・視聴覚室の造られ方

書庫ではないのですが、公共図書館には付きものの、会議室や集会室等の話です。図書館の付属施設としての会議室や集会室は、これまで安全設備に緩和規定がありました。しかし、二〇〇人を超える収容など規模が大きくなると、建築基準法では、図書館とは異種用途の集会場として扱われて、防火区画や避難や消火の安全対策が重くなっています。そして、当初の申請と違う利用や運用管理をすることになった場合でも適法性確認が必要です。図書館本来の活動と無関係の有償部屋貸しの営為は、建築確認申請時点では申告も想定もされていませんから、本来ならば異種用途であり、事故があれば管理瑕疵が問われることにもなるでしょう。施設設置者が自治体で、管理運営責任者が指定管理者法人である時なども、最前線に立つ職員の責任も含めて、これまでの建築確認制度の建前条件が崩れている場合は、難しい問題が事故の後に発生するように思えます。

チ　法律が想定している図書館・学校施設の安全管理者とその責任

近年建築法規の改正があって、設計者や建設会社に対する施設建築の「設置瑕疵」だけでなくて、施設所有者や運営管理者の「管理瑕疵」の刑罰が明記されています。また、図書館員の責務は、利用者への奉仕と図書館自体の成長など、その専門性で寄与するだけでなく、利用者の安全に責任を持つ危機管理責任も含むと考えられるのです。図書館環境の安全の面でも「図書館は人（運営体制と職員）によるところが大きい」となってくるのです。こうした視点からも、皆様の図書館の書庫での環境と活動を見直していただければと思います。（「建築基準法」第一〇一条一〇号、一二号など）

13 図書館計画と、その中心に居るべき図書館員の仕事

開館後に年月を経ても、サービスやこれを支える施設機能が破綻することがないように、フレキシビリティやエキスパンシビリティが図書館建築には求められていること。特に、書庫計画は、図書館サービスシステム全体に関わる重要な要素であること。将来計画に関わるこの計画分野は、図書館員にしか判らないのですから、図書館員による研究と政策立案に基づいて図書館基本計画に明示し、行政の図書館政策の方針として認知されておく必要があること。などが、これまで長く言われてきました。

しかし、現状では、単独の図書館建築に対する設計条件としての基本計画書だったり（行政改革の方針の中で、「将来的にも、書庫増床などによる施設の延べ床面積の増加は、全市施設管理計画上認められない」という例にも出会って驚いたこともありました）、図書館員という専門職が長期的な計画立案の中心に居て主体的に関わっていなかったり、床面積と冊数の条件以上に設計者が書庫について時間をかけて考えることもなかったり、日本の現状での図書館計画の弱点は、多岐にわたって存在すると想像できます。

「図書館を始めるとき、計画と政策としての図書館基本計画が重要で、社会システムであ

る図書館基本計画は、定期的に恒常的に、現状と課題と目標が見直されるべきだ」というのが、本日の「書庫から図書館を考える」お話で、お伝えしたいことの結論です。

最後に余談ですけれど

つい先日、平塚市の図書館職員研修会でお話する機会をいただきました。社会人向けの某大学院コースを受講されていた、まじめそうな図書館員さんとの出会いからのご縁でした。当日の資料の準備をするうちに、本日の研究会との不思議なつながりを発見して驚いたものです。本日ご紹介した、佐藤仁先生の『公共図書館』という本の巻末には、「平塚市の図書館」の文字がありました。

付—3　見学して参考となる図書館のページです。

「活発な活動をしている図書館として、『日本の図書館　一九七二』『図書館白書一九七四』（日本図書館協会刊）などの資料から、人口当たり貸出し冊数が約三冊以上の実績を持つ館を選択してみた。見学されればいろいろ参考になろう」とあって、東京都では、町田市立、日野市立中央、昭島市民、府中市立、調布市立の名前が挙げられています。そして、後進の神奈川県では、平塚市立図書館がただ一館記されています。全国の貸出密度が1.5冊の時代ですね。

次ページの付ー4　参考文献のページには、

『平塚市の図書館計画』（日本図書館協会施設委員会　日本図書館協会　一九六七）が記載されています。『あすの相模原市と図書館計画』（日本図書館協会施設委員会　日本図書館協会　一九七二）『町田市図書館計画への提案』（日本図書館協会施設委員会　日本図書館協会　一九七一）『日野市の図書館配置計画に関する調査研究』（栗原嘉一郎　日本図書館協会　一九七二）などの調査研究も並んでいます。

それで、平塚市の図書館に出かけてお話をしましたら「これですか？」と、即座に原本を出してくれました。さすがでしたね。いま、皆さんにこれを回覧いたしますね。

この日本図書館協会の調査報告書にある研究組織が豪華絢爛です。委員長、吉武泰水（東大）古野健雄（国会図書館）清水正三（京橋図書館）佐藤仁（横国大）船越徹（東大）栗原嘉一朗（大阪市大）菅原峻（日図協）石橋幸男（日図協）。と著名な先生方です。

この時代の図書館基本計画では、全市全域への図書館サービスと、図書館地域計画が大きな骨組みで簡潔にまとめられています。図書館を、地域計画もしくは社会システムデザインとしてとらえようとしているのですね。知って頂きたい重要なポイントです。

いま流行の「市民参加」や「協働」は見当たりませんけれど、私たちの時代の図書館基本計画への取り組みと違う位置づけ、専門性、意気に圧倒されるのです。

図書館基本計画が輝いていた時代ですね。この時代から半世紀近くを経て、日本の図書館を先導してきた多摩地域の図書館も、平塚市の図書館も、施設の更新時期を迎えているようです。そのサービスの成長や政策への市民的な共感についても、逆風の中で、足踏みや内部的な課題を抱えているようにも、外野からは見えています。こういう状況からの、反転もしくは雌伏の時の戦略としては、図書館施設の更新がひとり先行するのではなくて、先の時代のような、図書館サービスのあり方についての図書館員側の研究活動や、そこからの都市政策への提案や、市民的な共感づくりに、取り組んでゆくしかないのではないか、などと門外漢の私なども感じます。

更に補足を続けます

教育行政では、図書館員の新採用も少なくなって、議論を交わす図書館員集団がか細くなって行きますし、ＰＦＩや指定管理者による図書館づくりでは、中心に座っているべき図書館員の顔が見えない。私たち計画設計者の業界はといえば、長く続いた図書館建築研究会も解散して、図書館建築を図書館として学び続ける設計者も消え入りそうな状況です。図書館基本計画作成支援を受託するコンサルタントも、我々を含めて怪しい。

それで、この後退してゆく状況を、どうしたら良いとお考えか、生前の菅原峻先生にお尋ねしたことがあったのです。

お答えは、

「日本の図書館は多摩地域から始まったのだから、もう一度、多摩で図書館員の勉強会を始めようと思うのだよ」でした。

「図書館員が集まる組織は、運動体でなければいけない」というのも先生の持論でした。図書館を学ぶ私たちへの叱咤でもあったのでしょう。多摩地域の図書館に関わる皆さんへの、菅原先生の思いをお伝えして、私の話をおしまいにさせていただきます。

多摩デポブックレットのご案内

No.1～4, 6～13　定価　各600円
No.5　定価　700円
（税別）

No.1	**公共図書館と協力保存** －利用を継続して保証するために－	安江明夫著 2009.5刊
No.2	**地域資料の収集と保存** －たましん地域文化財団歴史資料室の場合－	保坂一房著 2009.9刊
No.3	**「地図・場所・記憶」** －地域資料としての地図をめぐって－	芳賀　啓著 2010.5刊
No.4	**現《い》在《ま》を生きる地域資料** －利用する側・提供する側－	平山惠三 蛭田廣一著 2010.11刊
No.5	**図書館のこと、保存のこと**	竹内　悊 梅澤幸平著 2011.5刊
No.6	**図書館の電子化と無料原則**	津野海太郎著 2011.10刊
No.7	**多摩を歩いて三七年半** ～街、人、暮らし、そして図書館～	山田優子著 2012.5刊
No.8	**被災資料救助から考える資料保存** －東日本大震災後の釜石市での文書レスキューを中心に－	青木　睦著 2013.11刊
No.9	**電子書籍の特性と図書館**	堀越洋一郎著 2013.11刊
No.10	**図書館連携の基盤整備に向けて** ―図書館を支える制度の不備と「図書館連合」の提案―	松岡　要著 2015.1刊
No.11	**書物の時間**―書店店長の想いと行動―	福嶋　聡著 2017.8刊
No.12	**図書館の「捨てると残す」への期待と不安** ―出版産業の危機の中で／書き手として、利用者として―	永江　朗著 2018.10刊